IPHIGENIE

OU LE PECHE DES DIEUX

Du même auteur

Aux éditions Théâtrales

CROISADES, *1989*

AZTÈQUES, *1991*

LE SAS / BLED / VIE ET MORT DE PIER PAOLO PASOLINI, *1993*

LES DEUX TERRES D'AKHENATON OU L'INVENTION DE DIEU, *1994*

ZOO DE NUIT, *1995*

FAIT DIVERS, *in* Petites pièces d'auteurs 1, *1998*

SAINTES FAMILLES, *2002*

IMBROGLIO, *in* 25 petites pièces d'auteurs, *2007*

Chez d'autres éditeurs

BLED (première version), L'Avant-scène, n° 752, *1983*

VIE ET MORT DE PIER PAOLO PASOLINI, L'Avant-scène, n° 789, *1984*

LE SAS, L'Avant-scène, n° 849, *1985*

AMOURS FOUS, in Brèves d'auteur, Actes Sud-Papiers, *1993*

VOYAGE VERS LE CENTRE (texte pour adolescents),
éditions Urgence de la jeune parole / Théâtre de la Digue, Toulouse, *1998*

MICHEL
AZAMA

IPHIGÉNIE
OU LE PÉCHÉ DES DIEUX

OUVRAGE PUBLIE AVEC LE CONCOURS
DES GEMEAUX / SCEAUX / SCENE
NATIONALE ET DU THEATRE
DE L'OMBRE DU SOIR

éditions
THEATRALES

La collection *Répertoire contemporain* vise à découvrir les écrivains d'aujourd'hui et de demain qui façonnent le terreau littéraire du théâtre contemporain et à les accompagner dans leurs recherches. Pour proposer des textes à lire et à jouer.

Cette pièce est le résultat d'une commande passée par le Théâtre de l'Ombre du soir à Michel Azama.
Elle a bénéficié d'une aide à l'écriture de la Direction du théâtre du ministère de la Culture.
La pièce a été créée le 29 mai 1991 au C.A.C. Les Gémeaux, Sceaux, dans une mise en scène de Jean-Claude Gal. Elle a été produite dans le cadre d'un atelier de pratique artistique mené au cours de l'année scolaire 1990/1991 avec les enseignants et les élèves de seconde 1 du lycée Lakanal à Sceaux.

ISBN : 978-2-907810-25-8 • ISSN : 1760-2947

MICHEL AZAMA

Né en 1947, Michel Azama a fait des études de Lettres Modernes (licence et maîtrise) à l'Université Paul Valéry à Montpellier, de 1966 à 1970. Après une formation de comédien (cours René Simon et école Jacques Lecoq), il est actuellement dramaturge au Centre Dramatique National/Nouveau Théâtre de Bourgogne, Dijon (direction : Alain Mergnat)

Publications - Créations théâtrales

1981 RUPTURES, Répertoire de Théâtrales.

1982 GÉRANIUMS, Répertoire de Théâtrales.

1983 BLED. Mise en scène Didier Augustin, Festival de l'Acte, Metz 1984. Répertoire de Théâtrales. Publié dans l'*Avant-Scène* n° 752.

1984 VIE ET MORT DE PIER PAOLO PASOLINI. Mise en scène Jean Menaud, Théâtre Essaïon, Paris 1984. Reprise Théâtre du Tourtour.
Mise en scène Tim Luscombe, Londres 1986.
Mise en scène Carlos Drummont, Brésil 1987.
Mise en scène Carlos Mathus, Argentine 1988.
Créations radio : France-Culture, Radio-Sarrebruck, Radio Suisse Romande, BBC, Londres.
Publié dans l'*Avant-Scène* n° 789.

1985 LES MÈRES. Création Centre Dramatique National de Bourgogne, Dijon. Réalisation Elisabeth Barbazin, José Drevon, Solange Oswald.

1986 LE SAS. Prix théâtral des Trois Provinces, 1987 (France/Belgique/Canada).
Centre Dramatique Nord-Pas-de-Calais, Maubeuge 1988. Mise en scène Jean-Louis Martin Barbaz. Représentations au Théâtre Marie Stuart, Paris, 1989. Tournée en 1990 et 1991.
Mise en scène Carlos Gomez Mata, Madrid, 1991.
Mise en scène Serge Martin, Lausanne, 1991.
Créations radio : Lucien Attoun, France-Culture. Radio-Sarrebrück. Radio Suisse Romande.
Publié dans l'*Avant-Scène* n° 847.

... / ...

1987 *Mise en scène - Mise en signe*. Ouvrage théorique édité par le Centre Dramatique National de Bourgogne, Dijon.

Leçons de ténèbres. Recueil de 16 nouvelles, en projet d'édition.

1988 CROISADES. Ecrit à la Chartreuse de Villeneuve lez Avignon.
Création Alain Mergnat, Centre Dramatique National de Bourgogne, Dijon 1989. Tournée en 1990.
Mise en scène Théâtre de Mayence (RFA).
Mise en scène de Serge Martin, Genève 1991.
Publié aux Editions THEATRALES, 1989.

1990 IPHIGÉNIE OU LE PÉCHÉ DES DIEUX. Mise en scène Jean-Claude Gal, CAC LES GÉMEAUX, Sceaux.

1991 AZTEQUES (à paraître, Editions THEATRALES, 1992).

MEDEE-BLACK (en cours d'écriture).

INTRODUCTION

"On peut affirmer sans crainte et non par goût du paradoxe, que les grands tragiques grecs sont plus près que jamais de nos contemporains. Les palais des Atrides sont plus nombreux que jamais de par le monde."

Ismaïl Kadaré, *Eschyle ou l'éternel perdant*, Fayard, 1988.

Comment dire l'effondrement des mythologies, la désertion des philosophes, la suspicion de nos pauvres moyens de connaissance, le déshonneur de notre temps, l'envie d'en déplacer les bornes et de vivre, avec quelques autres, dans l'anticipation ?

Comment mieux dénoncer l'aveugle espoir du progrès sans limites sinon en revenant à l'éternel recommencement de la guerre et des souffrances qui n'ont pas de fin et ne sont jamais, ni pour les vainqueurs ni pour les vaincus, récompensées ?

"On dit que les gens qui meurent prématurément deviennent des fantômes" dit une survivante d'un camp de réfugiés.

La voilà la modernité de la tragédie : les morts reviennent dans le monde de ceux qu'ils ont tués ou qui les ont tués. le cadavre d'Ajax ne cesse de menacer les vivants.

Nous ne manquons pas de spectres dans le bateau ivre du monde moderne et c'est une tragédie planétaire qu'il faudrait écrire si nous en avions le talent : l'Afrique sanglante, l'Inde agonisante, le Proche-Orient en feu, la Chine on-ne-sait-rien, la Palestine sans terre, l'Est en tremblement d'identité et l'Ouest pris dans le tourbillon fou des mirages de ses jeux vidéo grandeur-nature...

Avec Iphigénie, cette armée qui attend de partir à la guerre, c'est une fois de plus toutes les épées de Damoclès suspendues au-dessus de la tête de l'humanité. Que ce vieux mythe soit toujours neuf, quelle lapalissade !

Envahir un pays - accomplir un génocide - exécuter la jeunesse au son d'hymnes patriotiques... Les dieux eux-mêmes ne sont pas absents de nos guerres des étoiles : Dieu chrétien-Dieu juif-Dieu musulman (et si on nous dit que c'est le même, la dérision n'en est que plus grande) les dieux sont toujours là pour nous persuader de la fameuse "nécessité historique".

Ce n'est pas que rien n'ait changé, c'est que tout est devenu pire : chaque jour dans un lieu du monde moderne s'accomplit le sacrifice de milliers d'Iphigénie.

Je n'ai pas écrit une énième adaptation d'Euripide, mais un texte pour la jeunesse d'aujourd'hui, que ça passionne, contrairement à ce qu'on nous raconte, mais qui sent d'autant plus l'impuissance à mettre au monde des utopies combattantes que celles de leurs pères, du Che à Freud, sont mortes.

Dans les mois où Euripide présente ses *Troyennes* à Athènes – un des plus beaux réquisitoires contre les guerres – le peuple grec vote la guerre contre la Sicile au cours de laquelle tous les hommes de la ville de Mélos sont mis à mort par les Athéniens et toutes les femmes et enfants réduits à l'esclavage.

Les répétitions de cette Iphigénie ont commencé fin janvier 1991, juste après l'expiration de l'ultimatum des alliés dans le Golfe...

Le Théâtre ne change rien au monde. Puisse-t-il continuer longtemps d'interroger quelques consciences.

Michel Azama

Aux enfants du monde entier.

A J.-C. G.

Père, père, écoute.
La lumière est, pour les vivants,
le plus doux des biens.
Et pour les morts il n'y a plus
rien.

EURIPIDE
Iphigénie à Aulis

PERSONNAGES

IPHIGENIE, fille d'Agamemnon et de Clytemnestre

ACHILLE, jeune guerrier grec

PATROCLE, jeune guerrier grec

TIRESIAS, jeune berger aveugle

ELECTRE, petite sœur d'Iphigénie

AGAMEMNON, roi d'Argos

CLYTEMNESTRE, reine d'Argos

LE CHŒUR, adolescentes, amies d'Iphigénie

LA CHORYPHEE, vieille femme

LE TREMBLEUR, vieillard

KALKHAS, grand prêtre

LES DIEUX : Dionysos, Apollon, Kronos, autres dieux

ARTEMIS, déesse

ATHENA, déesse

1

KRONOS, ARTEMIS, DIONYSOS, APOLLON, AUTRES DIEUX.
Le jugement des dieux.

KRONOS
Immortels de tous les horizons
salut.
La puissante Artemis s'estimant offensée exige un sacrifice.

PLUSIEURS DIEUX
Oui oui un sacrifice un sacrifice !
Enfin.
On s'ennuie ici.
La vie d'immortel c'est mortel.
Un sacrifice un sacrifice. Vive Artemis !

KRONOS
L'armée des Achéens est aujourd'hui immobile.
Nul vent favorable à leurs navires
tant que nous n'aurons pas tranché.
L'histoire des hommes qui nous divertit tant est arrêtée.
Les Achéens seront-ils capables de vaincre Troie ?
Si vous voulez savoir la suite
accorderez-vous à Artemis ce qu'elle demande ?

PLUSIEURS DIEUX
Sacrifions sacrifions. Du sang !

KRONOS
Parle puissante Artemis

ARTEMIS
J'exige peu de chose.
La vie d'une fille.
Le sang pur d'une gorge virginale.

PLUSIEURS DIEUX
D'accord d'accord. Un sacrifice un sacrifice !

ARTEMIS

Ensuite plus d'histoires. Leurs vaisseaux de guerre
pourront reprendre la mer
et parvenir jusqu'à Troïe
et leurs glaives à nouveau levés renverser les citadelles.

DIONYSOS *(lubrique)*

Artemis s'y entend pour paralyser les glaives !

KRONOS

Imitons la douce folie des hommes et faisons
un débat démocratique.

PLUSIEURS DIEUX

Non non pas de débat un sacrifice !
Si si un débat c'est amusant !

APOLLON

Le débat semble déjà commencé.

KRONOS

Que Dionysos et Apollon argumentent le débat.

APOLLON

Avez-vous déjà aimé le corps d'une femme mortelle ?

DIONYSOS

Oui. Et aussi le corps d'un homme.
Sur cette question je suis imbattable. *(Rires)*

APOLLON

Le corps de cette fille qui nous est livrée par la colère
d'Artemis
si nous le laissons vivre
sera non seulement un beau corps de femme
mais la mère d'abondantes mères
une race de fils et de filles...

DIONYSOS

Examinez ce corps.
Faisons-la mettre nue afin que chacun voie.
Regardez. Elle se déshabille dans sa chambre.

Tous les dieux se penchent vers la terre et regardent.

DIONYSOS
Albâtre délicieux.
Elixir des sens exquis.
O cette épine dorsale. O ce fessier superbe.
Ce cou flexible.
Ce cœur qui pulse et gonfle O passions.
O désirs O hybris O folie.

Ce discours est accompagné des soupirs des autres dieux.

APOLLON *(riant)*
Allons.
Ce sont partout les mêmes corps en tous les temps
sur toute la terre.

DIONYSOS
Argument faible et qui me surprend venant de toi
divin Apollon.
Chaque fessier a une forme unique.
Celui-ci est parfait.
Il ne peut appartenir qu'aux dieux.
Ce poème de chair ne peut décemment se corrompre
et pourrir sur la terre.

Applaudissements.

DIONYSOS
Mamelons tétins lait du sein tout ce qui est d'une femme.
Courbe des hanches.
Ton du hâle taches de rousseur chevelure rondeurs fluides
tout ce qui est d'une femme est ici perfection.

APOLLON
Tu me contrains à répéter mon argument tu n'as pas entendu :
oui elle est très bien faite
faite pour recevoir des fils aussi bien que des filles.
Voici le noyau
qui engendrera tout le verger.
Serez-vous gloutons au point de manger le fruit
qui vous privera d'un millier d'arbres ?

PLUSIEURS DIEUX
Apollon a raison. Soyons patients.
Nous avons tout notre temps.

APOLLON
Laissons aux fruits le temps de passer la promesse des fleurs.

Applaudissements.

DIONYSOS
Elle n'est pas humaine. Ne le voyez-vous pas ?
Elle exhale de la tête aux pieds
un rayonnement.
Nous serons tous ses époux
travaillant dans la nuit du nouveau marié.
Nous en ferons une déesse
et de cette divine greffe alors
naîtra comme Apollon l'a dit
toute une race magnifique d'immortels.
Toutes les choses contentent l'âme
mais cette beauté la contente tout à fait
car seuls les hommes imbéciles distinguent l'âme du corps.
Nous autres les fils du cosmos
savons bien que si le corps n'était pas l'âme
l'âme ne serait rien.

Applaudissements. Cris. Etc.

APOLLON
Tu parles bien démagogue.
Il appartient à nous autres immortels
de défendre
la fourmi le grain de sable et la ronce
qui chacun à sa place œuvrent pour l'univers.
Nous appartient-il d'engrosser l'avenir
ou de l'égorger sur nos autels ?

DIONYSOS
Soit. Engrossons. Engrossons. *(Rires)*

KRONOS
Vous avez bien disputé. Beau débat démocratique. *(Rires)*
Chacun de vous a ses raisons et chacun
a raison dans ses raisons.
Comment trancherons-nous ?
Qui parmi nous achèvera le débat d'un bel argument imparable ?

ARTEMIS
Moi.

Applaudissements.

ARTEMIS
Voici ce que je dirai :
j'ai fait le tour de la terre entière portée
par le souffle des vents. La terre ne m'a jamais fatiguée.
Nul parmi vous ne se fâchera si je dis que la terre est plus
belle que notre Olympe trop souvent dévastée par nos vains
combats.

KRONOS
Allons farouche Artemis prudente chasseresse
avance plus à découvert.
Nous t'accordons cet argument qui met tout un chacun d'accord
avec toi :
les hommes et les femmes sont nos fardeaux
nous les portons avec nous partout où nous allons.
Pourtant il n'y a pas plus délicieux fardeau.

Applaudissements.
Kronos est content de son effet.

ARTEMIS
Voilà le point sensible Kronos notre père à tous :
ce monde est soumis à ta loi qui vieillit et corrompt
et tue et fait que tout ce qui vit ne fait que passer.

Soupirs des dieux.

KRONOS
Oui.
C'est le prix que nous payons
au droit d'être immortels. Continue.

ARTEMIS
Cette hospitalité que nous donne la terre
ne nous est-il pas permis de la rendre quelquefois ?
Et d'accueillir parmi nous quelques beaux mortels
à qui nous pourrons dire : «ce que vous ressentez
à la vue du ciel de l'eau d'une foule vivante
nous autres immortels le ressentons aussi» ?

Plusieurs dieux émus essuient des larmes.

APOLLON
Le sang n'a-t-il pas assez coulé sur nos autels ?
Ne sommes-nous immortels que pour offrir la mort ?

ARTEMIS
Tu pleures sur des élus divin Apollon.
Plaçons donc cette vierge à mes côtés et que sa beauté
appartienne à tous sans être prise par aucun.

DIONYSOS
Cueillir ce précoce lilas et se contenter de son parfum !
Tu es vraiment trop dure o puissante Artemis.

KRONOS
Divins immortels quelle est votre sentence ?

Un dieu puis deux puis trois puis tous sauf Apollon mettent leur pouce vers le bas.

KRONOS
Soit. Elle mourra.
Artemis a bien parlé.
Que la vierge appartienne à la vierge à jamais.
Allons. Que l'on prévienne les prêtres chez les hommes.
Qu'ils préparent Iphigénie puisque tel est son nom de mortelle
et nous mettons nos habits de fête
et soyons prêts aussi
à la recevoir à l'aube du prochain jour.

Vivats applaudissements sifflets facéties et quolibets.

APOLLON
Aucune pluie jamais ne lavera ce sang.

2

LA CHORYPHÉE, LE CHŒUR.

CHORYPHEE

Voilà les jours pesants de l'été
l'aube qui jette les gens dans les champs
parmi la moisson épaisse.
Le chardon est en fleurs
la cigale se saoule de son chant
les chèvres sont grasses
les jours plus longs
le vin meilleur
et les hommes alanguis au moment de la sieste.
Voilà vers le levant à perte de vue
les vallons de la terre d'Aulis.
Et là vers le couchant à perte de vue
la mer bleue
et quarante bateaux amarrés au rivage
avec leur cargaison :

LE CHŒUR

Trois mille guerriers grecs
les meilleurs de nos hommes
leurs chars leurs chevaux leurs armes flamboyantes
impatients de se jeter dans la guerre.
La chaleur brûle leur peau
Helios leur cuit le crâne
la mer couleur de vin
leur tourne la tête
les vents ne bouillonnent pas :
ils retiennent leurs souffles contraires.

CHORYPHÉE

Les oracles refusent de répondre.
Les hommes
attendent.
Cinquante jours au cœur de l'été

pas davantage.
Voilà ce que dure la saison navigante.
Bientôt viendront les pluies de l'arrière-saison
qui rendront la mer périlleuse
jusqu'au printemps jusqu'à ce que le figuier
pousse des feuilles aussi grandes que la main.
Il faut saisir l'instant parmi cette poignée de jours d'été.

LE CHŒUR
Mais le vent est mort les hommes s'énervent.
Les vivres s'épuisent les amarres se rompent
les coques se déchirent.

CHORYPHÉE
Quelques guerriers désertent
pour regagner lâchement le molle lit nuptial.
Les murailles de Troie appellent l'armée grecque.
Un port qui offre un bon mouillage
sur la mer indomptable.
Une belle cité humaine bien riche
fermée à ce qu'on dit par sept portes d'or.
La gloire de tuer brûle leur cœur
la gloire de dépouiller des ennemis illustres
de répandre le sang noir des Troyens.
Mais le vent est mort les hommes s'énervent.
Les vivres s'épuisent les amarres se rompent
les coques se déchirent.
Panique dans une main et
déroute dans l'autre.
Les femmes tendent leurs bras vers les dieux
tremblant pour leurs enfants et pour leurs hommes
craignant que la mort se saoule de leur sang.

LE CHŒUR
Les flèches les arcs les javelots d'airain
les boucliers les lances les épées les armures de bronze
étincellent sur la mer éblouissante.

CHORYPHÉE *(chanté)*
Mais la mer et les vents immobiles
refusent à ces guerriers l'illustre hécatombe.
Oh les dieux !

Oh oh oh vous les dieux !
Comment agissez-vous ?

LE CHŒUR

A quoi ressemblez-vous ?
Bâfrez-vous figues et raisins ?
Etes-vous soiffards d'hydromel ?
Avez-vous cornes et sabots ?
Portez-vous griffes et crinières ?

CHORYPHÉE

Oh oh oh vous les dieux !
Quel baragouin jaspinez-vous ?

LE CHŒUR

Quel baragouin jaspinez-vous ?
Ou bien peut-être chantez-vous ?
Langues de dieux langues d'oiseaux.
Langues d'oiseaux langues de feu.
Oh oh oh vous les dieux !
A quoi ressemblez-vous ? *(fin du chant)*

CHORYPHÉE

Un bruit monte. Ecoutez.

LE CHŒUR

On dirait les pas d'un homme qui peine.
C'est quelqu'un qui avance péniblement.
Un homme épuisé.
On entend ses pas de plus en plus clairement.
Leur bruit est étrange.
Le marcheur traîne-t-il la jambe ?
Est-ce le pas d'un boiteux ?
Non. Plutôt le pas d'un homme qui hésite.
Le voilà.
C'est un gamin.
Quelque berger.
Il est aveugle !
Un animal malade qui appelle la mort.
A-t-il subi un châtiment ?
Est-ce un serpent qui l'a mordu ?
Ou bien un dieu qui l'a griffé ?
Chut. Il arrive. Taisez-vous. Il arrive.

3

TIRESIAS, ATHENA, LE CHŒUR.
Tirésias.

Entre un jeune berger de seize ans.
Du sang coule de ses yeux.

TIRESIAS
O ce gravier dans mes orbites.
Braille carcasse braille.
Désormais tu brailleras
parmi les hommes qui braient.
Va.
Va te cogner au monde
Imbécile !
Ou meurs.

CHORYPHÉE
Malheureux. Qui t'a crevé les yeux ?

TIRESIAS
Pauvre Tirésias. Malheur à moi.
Quelque dieu m'aura puni
pour quelque chose que j'ai fait.
Ou que je n'ai pas fait.
Crie chien coasse crapaud. Crie ton mal.
Jamais tu ne verras plus rien.
Où sommes-nous ici ?
J'entends beaucoup d'oiseaux.

CHORYPHÉE
Sur la terre d'Aulis.

TIRESIAS
C'est ici que je viens.

LE CHŒUR
Que cherches-tu ?

TIRESIAS
Agamemnon est-il roi ?

CHORYPHÉE
Oui. Et Clytemnestre reine.

TIRESIAS
C'est bien là que je viens.

LE CHŒUR
Voyez comme il frissonne.
Si c'était important ?
Des nouvelles de la guerre ?
Ne peux-tu pas attendre ?

TIRESIAS
Moi oui. Les dieux non.

LE CHŒUR
Dis-nous ton message. Nous le porterons au roi.

TIRESIAS
Non.

LE CHŒUR
Quelque chose chez cet enfant me fait peur.
Gare à toi si tu déranges le roi pour rien.

TIRESIAS
Comme j'aimerais le déranger pour rien.
Mes yeux sont deux boules de feu.
Dieux !
O vous les dieux !
Qu'est-ce que je vous ai fait ?

Athena entre en chantant.

TIRESIAS
Je connais cette voix.

ATHENA
Tirésias.
Petit berger.
Voilà où t'a conduit ta soif stupide
à l'heure de midi.
Tu as vu ma poitrine et mes flancs.

TIRÉSIAS
Je n'ai vu qu'une jeune fille qui se baignait.

ATHENA
Tu as vu dans l'eau de cette source
le corps d'Athéna
imbécile mortel !
Tu ne verras plus le soleil !

TIRÉSIAS
Athéna ! Malheur. Malheur à moi !

ATHÉNA
J'ai fait de toi un dieu caché.
La voix du destin aveugle
la trompette du futur et tu crieras bien fort car les humains sont sourds !
Va.
Apprends à la terre d'Aulis quelle fête attend Iphigénie.
Esclaves fils de rois
écoutez sa voix.
Il ne s'occupe pas des choses de ce temps.
Réveillez-vous. Ecoutez-le.

TIRÉSIAS
Quelle est cette ciguë que les dieux me donnent à boire ?
Voilà l'infect poison qui entre dans ma chair
mes muscles ma pensée.
Ce combat dans tout mon corps
je tremble.
Allons
l'âme elle-même semble se retirer
ils disent que je vivrai
qu'on ne meurt pas toujours d'être l'élu des dieux.

CHORYPHÉE
Enfant.
Parle-moi. Dis-moi le nom de ton malheur.

TIRÉSIAS
Je ne demandais rien que la vie la plus simple :
une vie de bains chauds de couches molles.
Avoir maîtresses et enfants des fils des filles

une vie très ordinaire.
Rien d'autre que ce gouffre où tombent mangeailles boissons plaisirs.
Rien d'autre que ces jours faits pour être oubliés
sitôt vécus.
Comme j'ai froid
femme plains-moi
moi
malheureux qui porte du malheur.
Qu'une créature une dernière fois compatisse.

CHORYPHÉE
Enfant quelle est cette chose que tu dis ?

TIRÉSIAS
J'ai l'oreille des dieux. J'entends
le galop du futur bien avant qu'il n'arrive.
Toutes ces visions…
Voilà comment les dieux m'ont refusé le don de vivre.

CHORYPHÉE
Est-ce une vision qui t'a conduit ici ?

TIRÉSIAS
Oui.

CHORYPHÉE
Malheur !

TIRÉSIAS
Cette nuit d'été attend une mort innocente
en même temps que la venue des fruits.
Femme va chercher le roi.
Dis-lui
que je sais comment faire gonfler de vent
la voile des navires.
Dépêche-toi.
Demain à l'aube si le roi m'entend
ces trois mille jeunes fous auront ce qu'ils désirent :
la mer les prendra pour les conduire à la mort.

LE CHŒUR ET CHORYPHÉE
C'est un fou. Chassez-le.

Chassons ce gamin fou.
Nous ne voulons pas de barbare ici.
Qui dit que tu n'es pas un espion de Troie ?
Il est venu décourager l'armée.

Le Chœur chasse Tirésias.

ATHÉNA
Voyez comme les hommes sont fous.
Comme ils s'affairent à préparer leur belle fête.
Leur belle guerre de Troie !

Athéna sort dans un éclat de rire.

4

IPHIGÉNIE, ARTEMIS, LE CHŒUR.
Le chant de joie.

IPHIGÉNIE
De la plante des pieds au sommet de ma tête
nettoyée lustrée
adoucie avec l'huile parfumée…

LE CHŒUR
Iphigénie prépare-toi.
On te marie avec Achille.
Voilà les fards les onguents les bijoux
les voiles les ceintures les diadèmes.

IPHIGÉNIE
Non.
Sans apprêts
ni aucun de ces pièges où les hommes se prennent.
Ainsi
je serai devant toi
vêtue d'une simple tunique.

LE CHŒUR
Allons Iphigénie.
Ce jeune homme
a fait trembler la terre
et devant lui
tes reins ne seront que frissons.

IPHIGÉNIE
Devant moi ses genoux fléchiront.
Il sera devant moi comme la statue d'un dieu tombée à terre.

LE CHŒUR
Des douleurs te saisiront
tes genoux fléchiront tu seras devant lui
comme la statue d'un dieu tombée à terre.

Il t'effarouchera il t'intimidera
ce jeune guerrier.
Malade d'amour
tu fermeras les yeux
tu sentiras brûlant dans ta poitrine
les torrents de soufre
un satyre dansera dans ton cœur.
Sur ton visage une joie sans limites...

IPHIGÉNIE
Tu seras à moi.
Moi et rien que moi.

LE CHŒUR
Fais-le trébucher ce demi-dieu
les cordons de ses sandales tu les rompras
tu trembleras
une balle de paille qu'on jette dans le feu.
Tu seras comme celle qui crie dans les douleurs
tu crieras de joie
il te livrera bataille
tu le vaincras lui l'éternel vainqueur
il se livrera à ton pillage.

IPHIGÉNIE
En mon cœur quel émoi !

LE CHŒUR
Allons Iphigénie.
Sois le chant de joie qu'on entonne le matin.
Le chemin uni où il ne tombe pas.
La vallée d'acacias où il se repose.
Mène la ronde de la fête.
Voilà il est fixé le jour.
Bientôt vous soulèverez ensemble un nourrisson
entre vos joues.

Elles sortent en riant.

Maintenant la déesse va répondre à Iphigénie qui ne s'en aperçoit pas. Elle croit se parler à elle-même.

IPHIGÉNIE
Ma sœur est plus petite
mais elle a de plus beaux seins.

ARTEMIS *(de l'autre côté du miroir)*
Suis-je vraiment si belle Iphigénie ?
Belle.
De défaut n'en ai-je aucun ?

IPHIGÉNIE
La chevelure de ma sœur n'est-elle pas plus brillante ?

ARTEMIS
La mienne
est un essaim de guêpes sauvages.

IPHIGÉNIE
Ma sœur danse mieux que moi.

ARTEMIS
Tu danses mieux que la lumière.

IPHIGÉNIE
Qu'est-ce qui trouble mon image ?
Quel jeu joues-tu avec moi lumière ?
Es-tu quelque déesse ?

ARTEMIS
Je ne suis que miroir.

IPHIGÉNIE
Oui. L'œil de la déesse aurait brûlé mes yeux…
Et si Achille ne m'aimait pas.

ARTEMIS
Il te recevra comme un miracle.

IPHIGÉNIE
N'est-il pas presque un dieu ?

ARTEMIS
Il est pétri de chair.

IPHIGÉNIE
Le souffle de mon ventre est sur le point d'éclater.
Je suis pleine de mots.

ARTEMIS
C'est la sève de la jeunesse.

IPHIGÉNIE
La lumière voltige autour de moi.

ARTEMIS
C'est la lumière des vivants.

IPHIGÉNIE
Est-ce que je ne fais pas un rêve ?

ARTEMIS
Les mortels rêvent qu'ils vivent.

IPHIGÉNIE
Je suis pleine de chants.

ARTEMIS
L'amour inspire.

La déesse dans le miroir se met à chanter et à danser.
Iphigénie est pétrifiée.

5

ELECTRE, IPHIGÉNIE.
La petite fille.

ELECTRE
Qu'est-ce que tu as Iphigénie ?

IPHIGÉNIE
Un dieu a traversé ma tête en rêve.

ELECTRE
Ce n'est pas important un rêve.

IPHIGÉNIE
Qu'est-ce qui est important petite sœur ?

ELECTRE
Par exemple hier je suis allée glaner le blé.
J'aime bien glaner.
J'avais un grand sac attaché devant
et la nourrice ne me surveillait pas...
Les garçons passaient leur temps à effrayer les corbeaux.
Les femmes ont ramené les gerbes sur leur tête
elles ont marché longtemps sans y toucher.
Elles ont le cou solide.
J'ai écouté ce que disaient les vieilles
et elles disaient que c'est pour ton mariage.
Dis
j'aurai une ceinture verte et un ruban rouge à ton mariage ?

IPHIGÉNIE
C'est promis petite Electre.

ELECTRE
Les garçons aussi travaillent pour ton mariage.
Ils se sont levés avant tout le monde
pour relever les pièges de la nuit.
Ils ont ramassé les nasses.
C'est plein de nerfs les anguilles quand on les écorche.

Elles se tortillent et elles piaillent
et elles essaient même de mordre
tu sais les anguilles quand on les tue.
Est-ce que tu auras quatorze enfants comme la nourrice ?

IPHIGÉNIE
Je ne sais pas.
Il ne faut pas parler de cela.
Les dieux décident.

ELECTRE
Je n'aime pas le jeu du baiser.
C'est quand les filles essaient d'attraper les garçons
et quand elles les attrapent elles leur donnent
un baiser.

IPHIGÉNIE
Je n'ai jamais joué à ce jeu-là.

ELECTRE
Menteuse.
Dis.
Tu vas partir Iphigénie ?
Je ne te reverrai plus ?
Est-ce que tu enterreras une sandale
dans les murs de ta maison ?
Les vieilles disent que ça porte bonheur.
Je regrette que tu n'as pas attendu.
On se seraient mariées le même jour mais pas avec le même.
Ce garçon tu ne l'as jamais vu ?

IPHIGÉNIE
Electre laisse-moi me préparer.

ELECTRE
Ce garçon-là pour toi il m'a dit quelque chose.
Je l'ai vu ce matin.

IPHIGÉNIE
Qu'est-ce que tu dis petite curieuse ?

ELECTRE
Oui je l'ai vu et il m'a parlé.
C'est parfaitement vrai.

IPHIGÉNIE
Eh bien ?

ELECTRE
J'étais là où on trie les moutons et je l'ai vu.
C'est un braconnier. Dis. Est-ce que c'est un barbare ?

IPHIGÉNIE
Non. Ce n'est pas un homme d'Argos.
Mais c'est un grand guerrier grec.
Il t'a parlé ?

ELECTRE
Tu voudrais bien savoir ce qu'il m'a dit.
Je ne te dirai rien.
Qui t'a dit de te marier ?

IPHIGÉNIE
Les dieux décident de ces choses
et nos parents nous aident à les accomplir.

ELECTRE
Et comment les hommes savent-ils qu'il y a des dieux ?

IPHIGÉNIE
Ce sont les dieux qui le leur ont dit...

ELECTRE
Eh bien moi je ne veux pas me marier du tout.
Quand je serai grande je m'occuperai des chevaux.
Les vieilles disent que la vie s'arrête
quand on se marie
et qu'on vieillit tellement plus vite...

Elles sortent.

6

ACHILLE, PATROCLE.
Le rêve de Tirésias.

Tirésias revient. Le spectre de Patrocle surgit devant Achille.

PATROCLE
Non.
Ce n'est plus l'heure de deviser tendrement
comme deux jeunes gens.
Ni l'heure
du corps à corps entre les guerriers que nous sommes.
C'est l'heure
du rendez-vous intime
assigné entre nous par la guerre :
je suis mort o mon Achille
et tu es vivant
chacun sur une rive de l'Hadès.
J'ai traversé avec la barque de Charon et toi
tu es resté de l'autre côté o mon bien aimé.
Viens plus près.
Plus près encore.
Viens.

ACHILLE
Patrocle !
Tue-moi.
Tue-moi afin que je traverse aussi
le fleuve glacé des morts
et qu'à jamais
toi et moi
nous soyons réunis.

PATROCLE
Non.
Ce que tu me demandes est impossible.

Ce qui nous sépare
sépare mieux les hommes que la fortune.
Je suis passé au monde de la nuit
perdu dans la cohue des ombres
et toi ton beau visage je le vois
tout encapuchonné de la lumière du levant.
Ma face est voilée livrée à l'invisible
recouverte d'un masque de ténèbres
et la tienne si belle si lumineuse
qu'elle fauche mes genoux tant mon désir est grand
tant je voudrais avec toi recommencer
nos joutes amoureuses et nos combats guerriers.
Mais j'ai fini avec les travaux de l'amour
j'ai perdu ma verdeur et mes sucs
comme j'ai fini avec les travaux de la guerre
ses fatigues ses sueurs ses larmes et son deuil.
A présent j'appartiens au monde des dieux.

ACHILLE

Tu m'as conduit à ce point de la vie
qui pour un homme vaut la peine de vivre :
la contemplation de la beauté même.
J'étais mutilé tu m'as réuni à moi-même.
Nous avons recollé nos morceaux épars.
Tu étais mon seul bien mon ami.
Par cette union qui me bouleverse
mon propre centre coïncidait avec le centre de l'univers.
O mon élan de tout mon être
vers ta présence aimée...

PATROCLE

O le choc douloureux de mon absence.
O la distance entre nous devenue infranchissable.
Ne laisse pas ma dépouille aux chiens aux oiseaux
à la dent du charognard et de la pourriture.
Que le bûcher funèbre consume ma jeunesse en fumée.
Et toi
prive-toi pour le deuil de moi.

ACHILLE

Je me vouerai à ta constante remémoration.

Mort tu seras ma hantise
comme vivant tu étais mon moi-même.
O présence insaisissable o bien-aimé
ta façon d'être ici
enveloppe une irrémédiable absence.
Mon lit désormais ne s'emplira que de mes larmes.

PATROCLE
Nous étions ensemble
nus
chacun sur un plateau de la balance
et les dieux nous ont pesés avec leurs poids et leurs mesures.
Ils ont décidé ils m'ont choisi
moi
pour m'emporter avec eux dans la mort.
Les dieux jaloux nous veulent séparés.

ACHILLE
Ne deviens pas l'amant d'un dieu.

PATROCLE
Je t'attendrai caché ici
dans le nombril de la mer
au fond du Tartare à l'extrême ouest du monde.
Là où Atlas soutient de la tête et des bras
sans jamais faiblir
le ciel.
Eloigné des hommes par la mort
je me tiendrai éloigné des dieux
par le souvenir de toi
invisible
je serai toujours à tes côtés et comme Atlas
je te soutiendrai
jusque dans les épreuves de la vieillesse.

ACHILLE
Je ne veux pas vieillir.
Jamais je ne vivrai le vieil âge.
Je me donnerai la mort
quand j'aurai dépecé le cadavre d'Hector ton assassin
que je l'aurai traîné sept fois

autour des murailles de Troie la face contre terre
et que la peau arrachée de son visage et de son corps
ne permettra à personne de le reconnaître.

PATROCLE

Ne pleure pas.
N'aie pas le regret de ta vie mortelle
ta vie précaire les épreuves qui t'attendent
l'endurance nécessaire pour devenir toi-même
la gloire impérissable qui sera la tienne.
Vis au contraire mon bien-aimé
vis deux vies.
Ne regrette pas la lumière du soleil
ni l'amère douceur de la condition mortelle
le présent est à toi.
Voilà ce que j'étais venu te dire.
Adieu mon bien aimé
aime la vie comme tu m'as aimé moi-même.

Le spectre de Patrocle disparaît.

Achille crie : Patrocle !

Puis il chante :

⟨Ἀλλ'⟩ ἄγετε φέρετε ῥίπτετ', εἰ ῥίπτειν δοκεῖ·
δαίνυσθε τοῦδε σάρκας. Ἔκ τε γὰρ θεῶν
διολλύμεσθα παιδί τ' οὐ δυναίμεθ' ἂν
θάνατον ἀρῆξαι.

Eh bien ! emmenez cet enfant, emportez-le, précipitez-le, s'il vous plaît
de le précipiter ! Repaissez-vous de sa chair ! Les dieux veulent notre perte
et je ne puis empêcher la mort.

7

LE CHŒUR.
Le mariage.

LE CHŒUR
Heureuse maison des Atrides
Heureuse Iphigénie
Le bonheur vient vers toi sans effort.
Les dieux ont tissé d'or la trame de ta vie
depuis la ceinture de ta mère
jusqu'à ce jour.

Douces fiançailles avec le fils d'une déesse.
Le palais tout entier est plein du bruit des flûtes
les vents ont suspendu leurs souffles
les brises du Notos
le zéphyre ne siffle pas en poupe
aucune voile en proue par dessus le beaupré.
L'armée entière sur ses bateaux
entourée d'oiseaux innombrables
fait sonner les sept cordes de la lyre
et les flûtes de Pan le dieu aux cheveux d'or.
Et toi Iphigénie encore enfant
tu bondiras des bras de ta mère
enlaçant de ton bras enfantin
le bras du très puissant Achille.

Prends ce doux butin Achille
charge-le sur ton épaule gauche
dépose-le dans ta nef.
Prends tes rames. Blanchis les flots.
Pousse un HAN joyeux contre la houle.
Epouse-la au large de la mer bleue
sous le bouclier ardent du soleil.
Fais jaillir de votre union
une race superbe

comme Pégase fit d'un seul coup de sabot
jaillir une source à Corinthe.

Mêlons nos pas dans la danse.
Bondissons comme de jeunes faons.
C'est jour de liesse aujourd'hui.
Unissons à la danse le chant triomphal.

8

AGAMEMNON, IPHIGÉNIE, LE CHŒUR.
Dernière aube.

IPHIGENIE
J'aime cette heure. Regarde.
Ce jour sera si beau. Je le sens.
Quel est ce grondement qui résonne là-bas
près du calme des étangs ?

AGAMEMNON
Ce sont les prêtres.
Ils préparent l'autel des sacrifices.

IPHIGÉNIE
Les dieux sont comme toi et moi père :
ils aiment cette heure où toutes choses
se préparent.

AGAMEMNON
Ne parlons pas des dieux.

IPHIGÉNIE
Ne t'inquiète pas :
Nous trouverons le passage des vents.
La mer à nouveau gonflera sous la carène des navires.
Pourrai-je être présente à la cérémonie ?

AGAMEMNON
Les dieux exigent ta présence.

IPHIGÉNIE
Alors que ce jour soit béni.
Je ne savais pas que les dieux se préoccupaient autant de moi.
Je voulais voir le sacrifice
et ils m'ont exaucée.

AGAMEMNON
Tais-toi.

Quand les dieux veulent nous punir
ils exaucent nos prières.

IPHIGÉNIE

Qu'est-ce que tu dis père ?
Comme ce jour est calme...
La guerre paraît loin.
Pourtant les garçons taillent des arcs
et ne savent pas s'arracher de cette rage de revanche.
Quel animal sera sacrifié aujourd'hui père ?

AGAMEMNON

Tu le sauras assez tôt.

IPHIGÉNIE

Au moins ce n'est pas un animal que j'aime ?

AGAMEMNON

Y a-t-il un animal que tu n'aimes pas ?

IPHIGÉNIE

Celui dont les phrases se taisent
parle du bout des doigts.
Tu parles de très loin.
Comme si un doigt se posait sur ta bouche
et empêchait les mots.

AGAMEMNON

Les mots les mots
ne se laissent pas faire.
Ce matin toute langue m'est étrangère.

IPHIGÉNIE

Père.

AGAMEMNON

Oui.
Je t'écoute. Parle-moi petite fille.
Comment se sent ma petite fille ce matin ?

IPHIGÉNIE

Heureuse.
Oui. Heureuse.
Pareille à un étang.
Comme un champ de blé mûr certains jours d'été

on peut se coucher sur le ventre et crier que le bonheur fait mal.
Et s'endormir après pleine de soleil dans la terre labourée.

AGAMEMNON
Les dieux n'ont que faire du bonheur.
C'est une occupation humaine.

IPHIGÉNIE
Aujourd'hui je sens bien que quelque chose commence.
Allons père. Je sais tout.

AGAMEMNON
Qu'est-ce que tu sais ?

IPHIGÉNIE
Inutile de me cacher les choses plus longtemps.

AGAMEMNON
Qui t'a dit ?
O ma petite fille...

IPHIGÉNIE
Les servantes ne sont pas discrètes.

AGAMEMNON
Aucune servante ne sait rien.

IPHIGÉNIE
Naïveté des hommes !
Toutes savent ce qui se prépare.
Même ma sœur Electre.
Toutes. Elles savent toutes.

AGAMEMNON
Allons. De quoi parles-tu ? Que savent-elles ? Qu'ont-elles dit ?

IPHIGÉNIE
Qu'elles allaient me perdre.
Que ma vie de jeune fille s'achève. Que mon père et ma mère allaient se séparer de moi

AGAMEMNON
Iphigénie !

IPHIGÉNIE
Que ce jour soit béni.
Les dieux seront à mes côtés

et j'épouserai Achille.
Père.
Ne pleure pas.
Un roi ne pleure pas.

AGAMEMNON
Ce n'est pas le roi qui pleure ici.

IPHIGÉNIE
Père.
Un si beau jour et vous pleurez.

AGAMEMNON
Oui.
Tu as été la première à me donner ce nom de père.
Et
par toi me sont venues
les premières caresses d'enfant.

IPHIGÉNIE
Mes filles et mes fils un jour vous consoleront.
Vive la vie quand même. Et vive au moins ma vie.

AGAMEMNON
Oui.

IPHIGÉNIE
Ecoute.
La flûte résonne déjà à travers le palais.
C'est un jour de fête qui se prépare.
Les femmes d'Argos chanteront dans quelques heures.
Achille sera là soudain au milieu de la salle
gêné de tant pouvoir et de si peu savoir
un grand garçon timide au fond
que mon regard arrête.
Ne serai-je pas la plus belle de toutes ?
Afin que chacun dise :
la voilà.
Et dise :
cette fille mériterait l'amour d'un dieu.
Voilà que la douleur te ressaisit mon père.

AGAMEMNON
Ce n'est rien.

IPHIGÉNIE
Il m'attendra le soir dans une chambre chaude
et je serai brûlante et douce.
Père. Qu'y a-t-il ?

AGAMEMNON
Apprends-moi à me séparer de toi...

IPHIGÉNIE
Allons consulter Kalkhas.
Voyons quel oracle commande à ce jour.

AGAMEMNON
Non.

IPHIGÉNIE
Pourquoi ?

AGAMEMNON
Inutile.
Je connais l'oracle de ce jour.

IPHIGÉNIE
Eh bien ?

AGAMEMNON
Il dit

IPHIGÉNIE
Oui ?

AGAMEMNON
Que je dois donner ma fille
et qu'un roi
ne possède aucun royaume
s'il n'est pas capable d'obéir.

IPHIGÉNIE
Voilà. L'oracle est clair.

AGAMEMNON
Très clair ma fille. Allons. Va te préparer.

IPHIGÉNIE
Tu seras fier de ta fille.

AGAMEMNON
Puisse ma fille être aussi fière de son père.

Iphigénie sort.

AGAMEMNON *(seul)*
O...
Descendre dormir à jamais sous la terre
auprès des eaux profondes
sans lumière
froid
avalé par l'oubli.
C'était bon d'être fort et ce temps est fini.
Cette guerre-là je la commence d'abord contre moi-même.
Les dieux sont là.
Leurs mains grasses s'agrippent au rebord des fenêtres
on dirait qu'ils sont tous venus.
Les murs ont de la peine à tenir debout
tellement ils poussent.
Le froid les drapeaux la nuit
mes hommes impatients de marcher vers les lances troyennes
et toi ma fille une dernière fois
j'ai touché ton cou si chaud
où le sang bientôt ne sera plus...
O ignoble boucherie...

Il sort.

9

CHORYPHÉE, LE CHŒUR.

Chant des femmes d'Argos.

Ἰὼ γᾶ τρόφιμε τῶν ἐμῶν τέκνων.

Ἒ ἔ.

Ὦ τέκνα, κλύετε, μάθετε ματρὸς αὐδάν.

Ἰαλέμῳ τοὺς θανόντας ἀπύεις.

Γεραιά τ' ἐς πέδον τιθεῖσα μέλε' ⟨ἐμ⟩ὰ

καὶ χερσὶ γαῖαν κτυποῦσα δισσαῖς.

– O terre qui as nourri mes enfants
– Hélas !
– O mes enfants, écoutez, entendez l'appel d'une mère.
– Ta lamentation funèbre les invoque au-delà de la mort
– Oui j'approche du sol mes membres flétris,
et de mes deux mains je frappe la terre.

10

IPHIGÉNIE, ACHILLE.
Scène d'amour.

Electre conduit Achille par la main jusqu'à Iphigénie et s'enfuit.

IPHIGÉNIE
Qui es-tu ?

ACHILLE
Moi.

IPHIGÉNIE
Achille !

ACHILLE
Oui. Moi.
(Un temps)
Un temps j'ai été bûcheron.
Les pins de nos forêts sont bons pour nos navires.
Chaque matin la charrette nous prend
filant au bord des précipices
et s'élève peu à peu dans la montagne.
Depuis peu un rêve m'a dit que Patrocle mourra.
Mon esprit plein de trouble et d'incertitude :
«je viens quittant la caverne des morts...»
Il y a quand nous pénétrons sur la coupe
un instant miraculeux
innocent parcouru de fuites rapides d'oiseaux.
Je coupe plein de hargne et de violence
car j'aime la forêt
et la détruis pour donner un objet à ma rage
jetant à bas ces géants aux branches éclatées
et le cri rageur des scies
est le chant de ma détresse...
Ainsi c'est toi Iphigénie...

La vie devient difficile
et cette terre foutrement étriquée pour l'aventure.

IPHIGÉNIE
Moi
les choses qui m'occupent sont futiles :
les onguents les parfums de «l'Arabie heureuse»...
l'encens la myrrhe et le cinnamome odorant
dont on dit que les oiseaux des montagnes font leur nid.
C'est toute mon aventure.
Ici le royaume de mon père et la prison de mon enfance.

ACHILLE
Tu ne connais pas la rumeur nocturne des villes.

IPHIGÉNIE
Non.

ACHILLE
A Athènes ils ont démoli tout le quartier que j'aimais.
C'est une ville qui ne dort jamais.
Pas un instant de repos.
Vingt ans sont comme un jour pour elle.
Et cinq ans furent un siècle pour moi.
Mon passé dans les ruines qu'on abolit pour des constructions neuves
et plus un seul ami dans ces trois cent mille âmes.
Les tailleries les fontaines
les cours décorées les pilastres suspendus
les portes sculptées. Je ne reconnais rien.
Les reliques de mon histoire dorment dans la poussière.

IPHIGÉNIE
On me disait tu verras Achille est presque un dieu.
Je n'imaginais pas qu'un presque dieu puisse être triste.

ACHILLE
C'est autre chose.
La vérité jeune fille c'est que Patrocle me dit :
«tu embrasses comme une femme.»
Trop de désirs m'assaillent.
Dans ce lieu où tu vis tu es sans désirs et je te plains.
Une princesse raffinée.

Et moi... Ils sont tous fous de croire
que ça puisse aller ensemble.

IPHIGÉNIE
Ne te dépêche pas de dire qu'on a tué ici toute sauvagerie.

ACHILLE
J'ai perdu toute élégance. Je mange comme une bête.
Aujourd'hui cette jeune fille devant moi.
J'ai oublié comment on s'apprivoise.

Qu'est-ce que je ferai de toi jeune fille ?
Elevée dans ce jardin qui est le plus beau jardin du monde ?

IPHIGÉNIE
J'aurai pour ce jardin désormais une sorte de haine
bien féroce et coupante.
Je vais partir avec toi Achille. Non parce qu'ils l'ont décidé
mais parce que nous venons de le décider ensemble toi et moi.
Je gagnerai avec toi une île quel que soit plus tard le prix
si le bonheur se paie.
De ta charpente d'os et de muscles
je connais déjà la fragilité.
Quand tu auras besoin de penser à Patrocle tu t'éloigneras.
Je t'aimerai aussi pour cette douleur-là.
Je t'aimerai de cet amour effrayé que l'on porte aux volcans
et aux tempêtes.

ACHILLE
Ta tendresse me fait peur.
C'est une arme dont tu te sers
pour m'obliger à t'aimer.
Il y a trop d'harmonie dans tes gestes et tes travaux.

IPHIGÉNIE
On m'avait dit c'est un presque dieu un prince. Et voilà.
C'est... C'est beaucoup mieux.
Maintenant tu vas dire
oui
– moi je l'ai déjà dit – et nous accomplirons des rites
suivis de ces obscurs et beaux travaux qui font la vie.
Le peu que je sais je le mets dans ces mots.

ACHILLE
Je suis comme un qui vient de passer un hiver difficile.
Et ne désire rien d'autre qu'un espace clos au milieu d'un bois.
Et là te voyant je me dis c'est là. Enfin c'est là.
Une partie de moi mutilée ne souhaite que l'exil
tandis que l'autre ici voudrait se laisser faire
comme un ours qui ouvre délicatement
un nid de guêpes charbonnières et mange avec ferveur
et pourtant goulûment la bouillie d'or qui colle entre ses griffes.

IPHIGÉNIE
Voilà c'est dit.
Nous ferons quelques enfants Achille.
Nous les ferons où tu voudras.
Dans l'odeur fraîche des figues et du fenouil
dans un bois ou dans une maison dont chaque poutre et chaque chevron
sera un arbre entier équarri.
Je serai comme toi
et tu seras fier de ce feu qui dévorera nos jours.

ACHILLE
Alors tu crois que le bonheur existe.

IPHIGÉNIE
Ce que nous vivons là c'est déjà le bonheur.

ACHILLE
Ton visage soudain.
Comme il ressemble à celui de Patrocle.

J'ai rêvé que ce fou se défaisait de sa vie
dans la guerre.

IPHIGÉNIE
Tais-toi…

ACHILLE
Oui je le veux. Je m'abandonne.
Je t'épouserai demain à l'aube
nous nous épouserons là-haut
dans le désordre des troncs couchés des souches larges comme
des tables
dans la résine fraîche.

Il s'enfuit.

11

CLYTEMNESTRE, AGAMEMNON, LE CHŒUR.
Le cri de Clytemnestre.

CLYTEMNESTRE
Sa chambre sera vide.
Et vide la place où elle mangeait.
Assassin !
Et moi
moi sa mère
moi quil'lai faite dans mon ventre
moi
tu voudrais que je vive avec toi
hallucinée devant ses places vides
avec toi
l'assassin !
Oui assassin !

Justice. Justice.
Que le bourreau te frappe que ma haine
retombe sur ta tête
que la déchirure de mon ventre
libère un flot de sang qui te noiera.
Oyoï plaie du malheur
Oyoï douleur
Oyoï filles de la nuit aidez-moi
Oyoï
Tenez ma main poussez mon bras
fermez mon cœur à cet homme que j'aimais

Assassin !

O thanatoï en toï phaneroï !

Que le remords se jette sur toi et te dévore jusqu'à l'os.
Ne lui laissez aucun repos aucun sommeil plus de joie
je te frapperai à mort dans ton bain.

Je te ferai tomber dans ton sang.
Le sang
coulera de tes yeux de ta poitrine de ton dos
de tous tes membres
de ton sexe transpercé
oyoï

Assassin !

Et ton cadavre je l'enterrerai
mutilé pieds et mains coupés
la tête au fond d'une rivière
que ton spectre ne puisse pas venir me tourmenter.
Je t'oublierai oui je t'oublierai.
Je forcerai le peuple entier à t'oublier
tu n'auras jamais existé.

Assassin !

Je ne t'aurai jamais connu
nous n'aurons jamais eu aucun enfant ensemble.

12

IPHIGÉNIE, CLYTEMNESTRE.
Mère et fille.

IPHIGÉNIE
L'aube est si froide ici à Aulis.
Le bruit des chars m'empêche de dormir.
A cette poupée il manque un bras.
Et à celle-ci deux jambes.
Est-ce que je pourrai prendre mes poupées avec moi ?
Dois-je au contraire les offrir à Artemis ?
On dit que c'est de bon augure pour un mariage
d'offrir ses jouets d'enfant en sacrifice.

CLYTEMNESTRE
Tu étais si chétive le jour où tu es née.
Ta nourrice Arsinoé en était effrayée.
Cette enfant ne survivra pas disait-elle.
Eh bien voilà.
Tu as vécu.
Toi si frêle et si manquante de vie.
Et quand ta sœur Chrysothémis est née
j'ai fait un rêve horrible
on la tuait à coups de sabre.

IPHIGÉNIE
Mère dans le mariage qu'advient-il à notre corps ?

CLYTEMNESTRE
Quand tu es née ton père n'avait pas trente ans.
O longtemps j'essayai d'oublier
cette douleur que tu me fis
ce pressentiment qui m'agitait alors...
O cette enfant que je mettais au monde dans des songes effrayants...
Ils m'avaient ligotée et bâillonnée
quand j'accouchais de toi

ils n'ont pas supporté mes cris dans le palais
une reine n'a pas le droit de crier :
c'est bon pour une paysanne.

IPHIGÉNIE
Mère ne sois pas triste.
Comment seront mon voile et mon diadème ?

CLYTEMNESTRE
L'armée piétine et s'impatiente.
Prête de pied en cap en état d'impuissance.
Les vaisseaux dans le port restent immobiles.
Cela nous vaut quelque malédiction.
O est-ce que je suis coupable ?
Est-ce que j'expie un crime ?

IPHIGÉNIE
Mère. Petite mère. Pourquoi ce désespoir ?
Vous ne me perdez pas.

CLYTEMNESTRE
Si je te perds
et toi tu perds bien davantage.
O Hélène ma sœur comme je te hais.
O.
Autrefois j'étais pleine de lait
pour mes enfants.
Aujourd'hui me voilà pleine de sang.
...
Le roi Agamemnon
est un grand meneur de troupes. Il dresse les soldats et les chevaux
et tous lui obéissent.
Toi ma fille
toi de jour en jour je t'ai regardée naître.
Si blanche si suave
toi de tous mes enfants la seule qui me ressemble.
Tu m'as souvent suivie
dans mon bain
tu aimais regarder la nudité de ta mère.
Tu t'enivrais de mes parfums
tu touchais mes seins

plus tard je le sais
tu as porté en cachette chacun de mes vêtements
et toutes mes sandales.
O ma fille
O ma plus grande.
Ce corps à corps de tous les jours
Comme je t'aime ma fille
comme jamais je n'aimai aucun homme.

Voilà que la peur me reprend
voilà que je ne sais comment te parler ma petite fille.

IPHIGÉNIE
Ne t'inquiète pas. Ne dis rien.
Je trouverai bien seule tous les gestes qu'il faut
pour épouser Achille.

CLYTEMNESTRE
Ce n'est pas lui que tu épouses demain à l'aube ma fille.

IPHIGÉNIE
Comment ?
Qu'est-ce que tu dis ma mère ?

CLYTEMNESTRE
Non. Ce n'est pas lui.
O comment dire.

IPHIGÉNIE
Pas lui.
Quel est l'époux qu'on me destine.
Je ne veux nul autre homme que lui.

CLYTEMNESTRE
Ce n'est pas un homme.

IPHIGÉNIE
Pitié. Jamais je n'épouserai un autre.
Mère tes paroles me font défaillir.

CLYTEMNESTRE
O ma petite.
Je n'ai pas achevé toutes mes paroles.
Je tiens ta taille bien serrée

bien fort sois forte
O.
Comme ta main s'agrippe.
O.
Comme si tu étais
de nouveau petite fille.
O.
Viens que je t'arrange cette boucle.
Jamais je ne pourrai te dire.

IPHIGÉNIE
Quelle peur tu me donnes ma mère.
Pour qui donc chanterais-tu le chant de mon mariage ?

CLYTEMNESTRE
O. Que ma terreur excuse ma faiblesse.
Iphigénie.
Iphigénie.
Je ne devrais rien te dire.
Un autre songe m'avait dit
que tu aurais une sœur jumelle.
A présent je comprends le songe
et pourquoi il m'avait tant effrayée :
ils vont t'assassiner sur un autel.
Que n'ai-je serré ma taille avec des ceintures et des bandes
et bu des herbes.
Que n'ai-je frappé sur mon ventre afin que tu ne naisses pas
afin d'accoucher d'une enfant morte.

IPHIGÉNIE
O mère. O ma mère.

CLYTEMNESTRE
Laisse ton visage dormir entre mes mains
encore une fois
comme quand tu avais la fièvre...

13

VOIX D'ARTEMIS, CLYTEMNESTRE, IPHIGÉNIE.
Cri.
L'énigme d'être morte.

VOIX D'ARTEMIS
O la douceur des choses
quand on va tout quitter.

Inerte silencieux opaque
ton corps ne sera plus Iphigénie.

Evaporée la trace de ton âme immortelle !
Qui était Iphigénie ?

Allons.
Prépare-toi.
N'es-tu pas déjà prête ?

IPHIGÉNIE
Et moi
voilà que je ressemblerai à tous les morts.
O cette énigme de n'être plus que morte !
La peur s'étend sur moi
je la sens.

VOIX D'ARTEMIS
Elle gagne
comme l'ombre du soir sur une île menacée.
Le vent est absent terre et ciel pleins de signes
les armées attendent ton dernier souffle.
Lui seul pourra gonfler les voiles des navires.
Allons les dieux.

IPHIGÉNIE
Suis-je prête ?
Assez pleuré.
Je n'ai plus aucun cri.
Allons. Faites de moi votre éternelle otage.

14

LE CHŒUR.
Ils vont tuer Iphigénie.

LE CHŒUR
Dans le ciel plombé immobile
Les mouettes tracent des signes fous :
Ils vont tuer Iphigénie !

Toi qui mettais l'ortie sauvage
Dans la nuit de tes boucles :
Ils te tueront Iphigénie !

La ville d'un seul coup effrayante.
Sur le soir traînent des rumeurs :
Ils vont tuer Iphigénie !

Grande ouverte la porte de sa chambre
Comme la chambre d'un mort :
Ils vont tuer Iphigénie !

Dans l'heure de midi le silence
Des servantes stupéfaites :
Ils vont tuer Iphigénie !

Un essaim de mouches s'avance
Rumeur bourdonnante des dieux :
Ils vont tuer Iphigénie !

Il y a l'armée dans son brouillard de sang
Des bateaux pleins de futurs morts :
Ils vont tuer Iphigénie !

Il y a sa mère qui a blanchi d'un coup.
Cette lumière que le vent a éteinte :
Ils vont tuer Iphigénie !

15

LE TREMBLEUR, IPHIGÉNIE, ACHILLE.
La belle mort.

LE TREMBLEUR
Je suis vieux.

ACHILLE
La guerre m'attend.

IPHIGÉNIE
Je dois mourir demain matin.

Un temps.

ACHILLE
Enlève ce masque de vieillard.

LE TREMBLEUR
Non.
La vie a sculpté mon visage et mon visage dit la vérité. Ma vérité.

IPHIGÉNIE
Et quelle est cette vérité ?

ACHILLE
N'attends pas que je te plaigne.
Tu as eu le temps. Tout le temps.
Tu as été le maître et l'esclave et le fils et le père.
Les dieux t'ont laissé le temps et la chance.
Tu as vécu.

LE TREMBLEUR
Non.
J'ai mesuré ma vie à l'aune de ma peur.
J'ai triché.

ACHILLE
Quel est ton nom ?

LE TREMBLEUR
Les hommes me donnent mille noms
mais les dieux qui savent m'appellent le trembleur.
Dans un jour dans une heure je mourrai qui sait
je peux mourir d'un mot à l'autre.
J'ai beau ne pas tenir à la vie
j'ai beau ne rien attendre
ma main se crispe sur je ne sais encore quelle espérance
ma chair tremble mes mâchoires crissent l'une contre l'autre
sans arrêt ma tête ballotte et très souvent
je me retourne aussi vite que je peux avec mes os soudés
et à la place de mon ombre je vois se dessiner
l'ombre d'un squelette.
Nous autres vieillards sans plus de force qu'un enfant
avançons sur trois pieds errant comme des songes en plein midi.

IPHIGÉNIE
J'aime le monde où je ne suis jamais allée.
J'en ai rêvé mille fois et quand je serai grande me disais-je
jusqu'où n'irai-je pas ?
Et depuis ce matin j'aime Achille qui ne sait pas m'aimer
encore
mais qui avec le temps…
Mais le temps voilà on ne m'en laisse pas.
Demain matin je serai morte.
Et toi tu n'as plus d'appétit.
Les dieux sont trop cruels
ils donnent des noix à qui n'a plus de dents.

ACHILLE
Non. Je refuse.
Tu ne mourras pas Iphigénie.
Je vomis les dieux les lois la Grèce tout entière.
Nous aurons des enfants.
Je serai un vieillard qui ne tremble pas.
Ça existe aussi
un vieillard qui ne tremble pas.

LE TREMBLEUR
Meurs à la guerre tu connaîtras la gloire immortelle.

ACHILLE
Je la vomis.

LE TREMBLEUR
Les beaux chants funèbres de tes gestes guerriers.

ACHILLE
Je les vomis.

LE TREMBLEUR
Ton nom sera chanté dans tous les siècles.

ACHILLE
Je vomis le futur que je ne connais pas. Où je ne serai pas.

LE TREMBLEUR
O vain espoir de la vie ! Regarde !

Tirésias entre avec quatre guerriers portant le corps d'un héros mort. Le chœur entoure le cadavre.

LE CHŒUR
Nous qui restons
serrons très fort dans nos bras
celui qui s'en va.

Martelons nos syllabes d'amour
pour ce jeune mort.
Soufflons pour lui très haut
aux embouchures de la flûte.

Chantons l'arc tendu de sa jeunesse.
Chantons
ce jeune prince
beau comme un voyou qui dort.

Chantons
sa vie enfuie
irrattrapable.

C'est une tendre nuit de guerre qui l'a tué.

O doux athlète parfait rameur
subtil lanceur de disque
mettons à nu ton torse sans toison
lavons

cette splendide et folle chevelure
lavons
ces boucles avec tendresse
ces doux cheveux qui ne blanchiront pas.
Baignons ces bras qu'il a passés autour du cou
des camarades
pour l'amour et l'empoignade.

Touchons encore une fois
le doux visage imberbe
les lèvres qui ont souri
les yeux qui ont pleuré.
Habillons-le d'habits simples et propres taillés dans de la toile fine.

Comme l'oiseau qui lance un cri à sa couvée
entonnons
encore un chant.
Pleurons
ce prince qui gît dans son berceau de sang.
En toi étaient enclos un bon millier de fils
qui ne verront jamais le jour.
Que ton âme monte avec la lune.
Tes jours de travail et d'amour sont finis.

Est-ce une chance de mourir
en plein vol de la jeunesse ?

Prince
la vie t'a tout donné
en un très court instant...

On emporte le corps.

LE TREMBLEUR
C'est la plus belle mort celle en plein vol de la jeunesse.

ACHILLE
Plutôt vivre en esclave qu'être roi chez les morts.

LE TREMBLEUR
Tu n'aimeras rien de ta vieillesse.

ACHILLE
J'aime Iphigénie vivante autant que je haïrai la mort de Patrocle.
La foule grouillante des morts n'a rien à me dire.

Leur clameur est inaudible.
J'ai quelque chose à demander aux dieux :
rester en vie venger mes frères.
Quand j'ai dit : «j'ai envie de mourir» on m'a répondu :
«C'est bien. Un héros n'a pas le droit d'aimer la vie.»
Un jour j'ai tué un serpent vivant avec mes dents
pour vaincre la peur qui n'est jamais morte.
Après tu peux tuer n'importe qui.
Voilà ma vie vieillard et je ne m'en plains pas.
Eh bien le vieux
qu'est-ce que tu en dis ?
Oh barbe blanche !
Oh respectable vieillard !
Oh vieille tête !
Oh molles parties honteuses !
Oh le ridé ! Réponds-moi !

IPHIGÉNIE
Il est mort pendant que tu parlais.

ACHILLE
C'était un dieu !

16

ACHILLE, IPHIGÉNIE.
Fuir.

ACHILLE
Viens. Courons.
Cachons-nous comme des morts en terre. Viens.
Dès que les vents se lèveront
nous prendrons un bateau nous quitterons la Grèce.
Nous pouvons nous passer des dieux.
Un peu de paille pour s'étendre une pierre pour poser sa tête
une source pour boire…

IPHIGÉNIE
Avons-nous besoin d'autre chose ?
Adieu ma mère. Ne me pleure pas. Je suis heureuse.
Où irons-nous Achille ?

ACHILLE
N'importe où.
Loin de la Grèce de ses guerres de ses larmes de son deuil de ses dieux insensés.

Ils s'embrassent

Choryphée et le Chœur entrent.

LE CHŒUR
Iphigénie !
L'armée s'apprête à la révolte.
Ils connaissent ta fuite et celle d'Achille.
Ils savent.

IPHIGÉNIE
Je ne veux rien que vivre.

CHORYPHÉE
Plus grande est la foule plus aveugle son cœur.

LE CHŒUR
Si tu fuis ils massacrent ton père et ta mère.

IPHIGÉNIE
Nous sommes trahis Achille !
Quel piège nous est tendu ?

CHORYPHÉE
Piège profond et sans issue. Zeus a décidé.

ACHILLE
N'invoque pas les dieux. Ils ne m'inspirent rien de bon.

LE CHŒUR *(litanie)*
Il faut obéir en esclave.
Insensé le mortel qui croit son bonheur assuré.
Ce qui doit arriver arrive.
Nul ne peut l'empêcher.
Inévitablement.
La fortune est fantasque.
Nul ne garde longtemps sa faveur.
Ce qui est dit est dit.
Et tout ce qui est dit est écrit.
Et ce qui est écrit arrive.
Inéluctablement.

IPHIGÉNIE
Pourquoi les dieux me haïssent-ils ?
O Zeus la torture et la mort c'est tout ce que tu offres.

ACHILLE
Non. Qu'il vienne. Qu'il se batte. Zeus !
Dieu malfaisant je te provoque.
Courbe-moi plie-moi ouvre ma poitrine lacère ma peau.
Hardi Zeus ! Taille-moi en pièces jette-moi dans ton désastre.
Allons ! Donne-moi la mort sous mille formes. Bats-toi que je t'arrache la vie de cette femme !

LE CHŒUR
Les dieux n'ont que faire de tes menaces.
Iphigénie.
Ton malheur est si haut que tu touches le ciel.
Ce qui va survenir est la honte des dieux.

ACHILLE
Les dieux n'existent pas.
Les dieux sont des mensonges de poète.

IPHIGÉNIE
Je vois déjà la barque et la rame.
Tout est prêt.
Tout me crie qu'on m'attend de l'autre côté.

ACHILLE
Jamais !

IPHIGÉNIE
Le temps t'apaisera :
ce qui est mort n'est plus rien et les morts sont morts.

ACHILLE
Je tuerai le chien qui garde les enfers j'arracherai ses trois têtes.
Je traverserai la brume des morts je forcerai vivant la demeure d'Hadès je t'arracherai du fleuve des morts.
Je te ramènerai au jour.

IPHIGÉNIE
Je vivrai si tu vis.

ACHILLE
Je hais toute la race humaine.

IPHIGÉNIE
Prends mes mains. Et cette bouche. Ma bouche d'abord. Puis mes mains. Puis ma bouche.

Ils s'enfuient.

LE CHŒUR
En silence tes pas trouveront le chemin du repos.
Ne regarde pas en arrière.
Que tes pieds invisibles te mènent chez Hadès.
Que le désespoir muet te quitte.
O la flûte de la mort.
Frappe à la porte d'Hadès d'un doigt de cristal.
Tu entres à présent dans les légendes de ta race.

17

IPHIGÉNIE, LE CHŒUR.
Dernières paroles.

IPHIGÉNIE

O terre des vivants
Adieu.

Ma vie
vous l'arrachez de moi
comme une tente de berger dans la tempête.
Avant le matin je ne serai plus rien.

Ecrasée

O mort
dernier rendez-vous !

Piétinée

Qui osera laisser entendre
que c'est juste ?

LE CHŒUR

Assez.
Assez de paroles.

IPHIGÉNIE

Le vent va vers le midi
et il va vers le nord
et la mer se remplit de navires
et je devrais pour ça mourir !
Quel jour est-on ?
Que dit l'arbre et l'oiseau et l'eau et la nuit ?
Que disent les soldats ô garnison !
Que disent les voiles abattues des navires :
«Voici l'aube qui vient dans un éclair de poignard»
Voilà tout ce qu'ils disent.

LE CHŒUR

Assez.
Assez de paroles.

IPHIGÉNIE

Ils disent il y a un temps pour enfanter
et un temps pour mourir
et moi enfant ils me font mourir
sans que j'aie enfanté.
O toi jeune homme que je n'ai jamais connu.
Ils ont clos mon sourire avec leur main de pierre.

LE CHŒUR

Assez.
Assez de paroles.

IPHIGÉNIE

Il n'y a ni joie ni sagesse ni amour
dans la maison des morts où tu t'en vas.

LE CHŒUR

Assez.
Assez de paroles.

IPHIGÉNIE

Dans l'amandier en fleurs
le fruit éclate
et je m'en vais vers ma maison d'éternité.

J'ai une telle frayeur
que ma parole ne peut se taire.

LE CHŒUR

Assez.
Assez de paroles.

IPHIGÉNIE

Qui m'écoute ? Ils ont muré jusqu'à ma prière.
Les pleureuses déjà rôdent dans la rue.
Couvrez vos têtes de cendres et de saleté
mettez vos habits de deuil
arrachez-moi à la peur.
Iphigénie.
Ta vie aura passé comme une brume du matin.

LE CHŒUR

Assez.
Assez de paroles.

IPHIGÉNIE

Comme il serait beau le sang du bourreau
si l'homme se risquait à la révolte.
Après moi
Terre
Océan
Villes bateaux
faites rouler mon nom
dans la nuit où stagne le temps.
Dites cette vérité
plus dure que le soc de charrue dans l'argile :
ma vie fut bien plus
et bien moins qu'une vie.
Une enfant invincible que les dieux ont pliée.
Aujourd'hui nous sommes hier et demain
un jour de cicatrice pour le monde.
Aucun martyr jamais ne sert à rien.
Ne faites pas de moi
une statue enterrée par les siècles.
Faites de moi
ce que je suis :
morte pour la guerre pour le plaisir des dieux
morte pour rien
et ma vie fut bien plus et bien moins qu'une vie.

LE CHŒUR

Assez.
Assez de paroles.

IPHIGÉNIE

Mourir alors que la lumière est si douce.

Le vent monte jusqu'à la tempête.
Iphigénie est sur l'autel.
Kalkhas tient le couteau sacrificiel.

KALKHAS

Qui es-tu ?

IPHIGÉNIE
Je suis Iphigénie.

KALKHAS
Que demandes-tu ?

IPHIGÉNIE
Asile.

Cet échange rituel est répété trois fois.
A la troisième fois Kalkhas tue Iphigénie.
Le sang coule le long de l'autel.
On n'entend que le vent.

18

ACHILLE, AGAMEMNON, TIRÉSIAS, LE CHŒUR.
La folie d'Achille.

ACHILLE
Iphigénie !
Où es-tu Iphigénie ?
La foule grouillante des morts n'a rien à nous dire.
Leur clameur est inaudible.
Depuis ce matin je revois le visage de Patrocle
et c'est ton visage Iphigénie.
Ça ne peut être qu'un visage de vivant.
Cette guerre que vous préparez je ne la ferai pas.
Non.
Je ne la ferai pas.
Je ne serai pas un héros grec.
Je suis «aristos achaïon» le meilleur des Grecs.
J'ai porté seul le poids de plusieurs batailles.
Non. Ce n'est pas la peur qui parle par ma bouche.
Iphigénie
tu ne mourras pas.

TIRÉSIAS
Achille.
L'avenir n'est pas favorable à Iphigénie.

ACHILLE
Tais-toi oiseau sinistre. Cœur aveugle.
Où est-elle ? Où est Iphigénie ?
Je saurai l'avenir quand il sera venu.

CHORYPHÉE
Il parle du présent.
Iphigénie est morte.

ACHILLE
Morte.

Fille de roi ils t'ont tuée !

Agamemnon roi des rois !
Voilà ta royauté !
Que ce crime fasse de ta maison un abattoir au sol trempé de sang !

Vous oiseaux des mers
portez en larges cercles son âme dans le ciel

Toi mer
et vous nuages d'été et toi terre d'Aulis colorez-vous de ce sang.

Vous les dieux insatiables
soyez contents.
Viens Patrocle
garçons de la jeunesse grecque
allons mourir.
Allons verser
ce bon vieux sang unique.

Allons donner à boire aux dieux.
Allons.
Pas de descendance pour nous jeunes gens
pas d'immortalité plantée dans nos enfants.
Pas de pitié. L'ivresse. Le carnage. L'hécatombe.
Tuons.
Tuons.

On entend les vivats de l'armée.

Allons camarades.
Une guerre pour la joie pour la folie pour la beauté du geste.
Allons.
Vive la guerre camarades !

Vive la mort !
Laissons ici un deuil dans chaque maisonnée.
Que nos bateaux reviennent
chargés de milliers d'urnes emplies de cendres
recueillies sur nos bûchers funèbres.
Vive cette heure de folie si courte qu'ils appellent la vie !

Acclamations de l'armée grecque.
Achille comme ivre tombe à terre.

TIRÉSIAS
Ils ne savent pas que ça va durer dix ans.

Tirésias en transes déchire ses vêtements.
Le vent souffle en rafales.

NOIR FINAL

IPHIGENIE
OU LE PECHE DES DIEUX
de Michel Azama

a été créée le 29 mai 1991
LES GEMEAUX/Sceaux/Scène nationale

Mise en scène : **Jean-Claude GAL**
Direction du chœur : **Hélène DE BISSY**
Musique : **Jean-Marc PADOVANI**
Décor : **Bernard ANBERREE**
Costumes : **Evelyne GUILLIN**
Direction du chant : **Catherine VERHELST**
Lumières : **Serge RICHARD**
Son : **James THUE**
Masques : **Martine BELLOC**
Sculpture : **Sylvie DE MEURVILLE**
Chorégraphie : **Nathalie TISSOT**

avec
Hélène DE BISSY : Clytemnestre, la Choryphée
Pierre-Yves DESMONCEAUX : Kronos, Zeus, Le Trembleur, Agamemnon

et
les élèves de la classe de seconde I
du Lycée Lakanal de Sceaux

co-production :
Conseil général des Hauts-de-Seine ; LES GEMEAUX/Sceaux/Scène nationale ;
Théâtre de l'Ombre du Soir
avec l'aide de
la D.R.A.C. Languedoc-=roussillon ; la D.R.A.C. Ile-de-France ; la Délégation aux Développements et aux Formations (Ministère de la Culture) ; le Rectorat et l'Inspection académique de Versailles (Ministère de l'Education nationale) ; la Ville de Sceaux ; le Lycée Lakanal
et avec le soutien de la Ligue de l'Enseignement

Lycée Lakanal de Sceaux
CLASSE DE SECONDE I

Responsable pédagogique et coordination :
Liliane DUCASSE

Conception, réalisation et manipulation des décors :
Jocelyne CAZES (professeur), **Laurence ASTIER, Hélène FRADIN, Benjamin REISS, Frédéric VIALA**

Conception et réalisation des costumes :
Michèle FRALIN (documentaliste), **Géraldine DETIENNE, Corinne GRAS, Céline LE PODER, Carine SALAS**

Assistanat technique pour le son et la lumière :
Suzanne GOUYET (professeur), **Jean-Gabriel BOMPARD, Thierry DENOYER, Mathieu PRIOUL, Christophe TORDEUX**

Acteurs :

Arnaud ALIPHAT, Cécile BELMONT, Axelle CHARVOZ, Béatrice CHVEDER, Diem Kahn DANG TRAN,
Frédéric DRAPS, Amélie DUPUY, Myriam ENCAOUA, Matthieu FASSY, Elodie GRANGE, Juliette GRANGE,
Thomas ILLES, Guillaume LAGUES, Sophie LANIER,
Xavière LE COQ, Anne LOUVET, Olga LUMELSKY,
Amélie SCHMITT, Emmanuel SELLIER, Ariane VIDAL

Le corps adolescent est un lieu de contraste, de lutte, de mutation douloureuse, donc de gestation vers un épanouissement présumé. C'est aussi une terre de combat et d'émoi, de solitude, perméable à la rencontre et aux échanges les plus généreux : "une étape majeure dans le désert".

Moment paradoxal par excellence, l'adolescence, à la fois si protégée tout autant que délaissée par l'adulte, est donc l'âge de tous les espoirs et de tous les sacrifices.

A travers le mythe d'Iphigénie, s'exprime le sacrifice d'une grâce qui est le matériau même de ce spectacle. L'adolescent, au contact du "miroir théâtral" et dans l'espace de la représentation, renvoie à un public d'adultes l'une de ses plus belles images.

Là, le regard de chacun bouge : acteurs et spectateurs se rencontrent à un niveau inhabituel de connivence, de reconnaissance.

Jean-Claude Gal
metteur en scène

Dès 1985, nous avons souhaité mener aux Gémeaux une politique artistique exigeante, en direction de nos différents publics. Le jeune public, public à part entière, bénéficie de cette même exigence et de cette même attention.

L'attitude de l'adulte, dans sa pratique culturelle, est souvent le reflet de l'éducation reçue dans son enfance et adolescence. La sensibilité innée n'existe pas et l'Art demande des connaissances et "mises en appétit".

Aussi les actions en milieu scolaire nous semblent fondamentales et nous proposons aux enseignants, devenus les partenaires privilégiés, non pas une simple détente récréative ou une vague utilisation des moments de loisirs, mais une véritable activité pour le développement de l'imagination, des facultés réceptives et sensibles, de l'esprit critique, tout en gardant notre mission spécifique, une action artistique.

Depuis 1987, nous avons voulu mettre en place un travail en profondeur sur une année scolaire entière, et une collaboration étroite entre un établissement culturel, les Gémeaux, et un lycée, le lycée Lakanal de Sceaux.

Notre mission est enfin entièrement remplie si nous soulignons la collaboration avec un auteur contemporain, cette année Michel Azama, qui, pour notre bonheur à tous, apporte un appui artistique d'une rare qualité.

Françoise Letellier
directrice des Gémeaux

Le lycée, lieu d'enseignement, devient, par notre engagement dans le projet d'Iphigénie, un moyen d'accès à la création dramatique.

C'est une expérience extraordinaire qui modifie les relations habituelles d'une classe : l'adhésion et l'enthousiasme suscités par la création commune d'une œuvre rassemblant élèves, professeurs, administrateurs, ainsi qu'une équipe professionnelle encadrant le projet, metteur en scène, décorateur, musicien, costumière, comédiens. Un grand lieu culturel, le CAC *de Sceaux, met à la disposition de l'équipe son potentiel administratif et technique.*

C'est là un éclatement des frontières du lycée, engagé avec des partenaires nouveaux dans un travail que chacun mène de front, avec son statut particulier, pour un aboutissement commun.

Au final, on y trouvera la joie et l'émotion des représentations. Mais, tout au long de la démarche, une cohésion, une ouverture à des techniques (costumes, décors, éclairages, jeu dramatique), à une pratique structurante pour l'individu comme pour le groupe.

Et, nous l'espérons, l'envie de devenir des spectateurs avertis, attentifs et critiques pour le théâtre.

Liliane Ducasse
responsable pédagogique du projet

éditions
THEATRALES

ALLIO (Paul), *Euphoric Poubelle*
AZAMA (Michel), *Croisades*
BEKES (Pal), *Sous les yeux des femmes garde-côtes*
BESNEHARD (Daniel), *Passagères/Epreuves*
BESNEHARD (Daniel), *Malastrana/Neige et sables/Arromanches*
BESNEHARD (Daniel), *L'ourse blanche/Internat*
BONAL (Denise), *Honorée par un petit monument*
BONAL (Denise), *Portrait de famille*
BONAL (Denise), *Passions et prairie/Légère en août*
BRUSATI (Franco) *La Femme sur le lit*
CHARTREUX (Bernard), *Rester, partir*
CHARTREUX (Bernard), *Dernières nouvelles de la peste*
CHARTREUX (Bernard), *Un homme pressé*
CHARTREUX (Bernard), *Cité des oiseaux* (d'après Aristophane)
CLEMENT (Catherine) *La pègre, la peste et les dieux*
CORMANN (Enzo), *Berlin, ton danseur est la mort*
DE FILIPPO (Eduardo), *Samedi dimanche et lundi*
DE FILIPPO (Eduardo), *Le haut de forme/Douleur sous clé*
DELARUE (Claude), *Le silence des neiges*
DEMARCY (Richard), *L'étranger dans la maison*
DENES (Max), *Jakob le menteur*
DOUTRELIGNE (Louise), *Quand Speedoux s'endort/Qui est Lucie Syn ?*
FARGEAU (Jean-Pol), *L'hôtel de l'homme sauvage*
FARGEAU (Jean-Pol), *Voyager*
FARGEAU (Jean-Pol), *Ici-bas*
FICHET (Roland), *De la paille pour mémoire/Le lit*
FICHET (Roland), *Plage de la libération*
FICHET (Roland), *Terres promises*
FICHET (Roland), *La chute de l'ange rebelle*
FISCHEROVA (Daniela), *Fabula*
FUGARD (Athol), *Hello and Goodbye*
FÜST (Milan), *Les malheureux*
HACKS (Peter), *Conversation chez les Stein sur Monsieur de Goethe absent* (épuisé)
HOROVITZ (Israël), *Le baiser de la veuve/Le premier*

HOROVITZ (Israël), *L'indien cherche le Bronx/Le rescapé*
LAIK (Madeleine), *La passerelle/Les voyageurs/Didi Bonhomme*
LANDRAIN (Francine), *Lulu/Love/Life*
LAPLACE (Yves), *Sarcasme*
LEBEAU (Yves-Fabrice), *Les noces*
LEMAHIEU (Daniel), *Entre chien et loup/Viols*
MAGNAN (Jean), *Algérie 54-62*
MAGNAN (Jean), *Algérie 54-62/Et pourtant ce silence*
MINYANA (Philippe), *Fin d'été à Baccarat*
MINYANA (Philippe), *Ruines romaines/Quatuor*
MINYANA (Philippe), *Chambres/Les guerriers/Volcan*
MINYANA (Philippe), *Où vas-tu Jérémie ?*
MUELLER (Harald) , *Le radeau des morts*
MÜLLER (Heiner), *La comédie des femmes*
NADAS (Peter), *Rencontre*
NORDMANN (Jean-Gabriel), *La mer est trop loin*
PILLET (Françoise) , *Métro Bastille/Anciennement chez Louise*
PRIN (Claude), *Erzebeth*
RENAUDE (Noëlle), *Divertissements touristiques/L'entre-deux/Rose, la nuit australienne*
RENAUDE (Noëlle), *Le Renard du nord*
RENAULT (Jean-Pierre), *Agathe*
RENAULT (Jean-Pierre), *Désert, désert*
RENAULT (Jean-Pierre), *Les solitaires*
REYNAUD (Yves), *Regarde les femmes passer*
REYNAUD (Yves), *Evénements regrettables*
REYNAUD (Yves), *Les guerres froides*
REYNAUD (Yves), *La tentation d'Antoine*
RULLIER (Christian), *Le fils/Attentat meurtrier à Paris*
RULLIER (Christian), *Annabelle et Zina/Il marche*
SANTANELLI (Manlio), *Issue de secours/L'aberration des étoiles fixes*
SARRAZAC (Jean-Pierre), *Le mariage des morts/L'enfant-roi*
SARRAZAC (Jean-Pierre), *Les inséparables/La passion du jardinier*
SCHLEGEL (Jean-Pierre), *Le vent et le mendiant*
SOPHOCLE, *Œdipe tyran*
SOPHOCLE, *Œdipe à Colone*
TORDJMANN (Charles), *Le chantier*
VALENTIN (Karl), *Le bastringue et autres textes*
VALENTIN (Karl), *La sortie au théâtre et autres textes*
VALENTIN (Karl), *Vol en piqué dans la salle*
VALENTIN (Karl), *Le grand feu d'artifice*
VINCENT (Jean-Pierre), CHARTREUX (Bernard), *Mise en scène des Fourberies de Scapin*, co-édition Nanterre Amandiers.

ACHEVÉ DE RÉIMPRIMER EN MARS 2011 SUR PAPIER ISSU DE LA GESTION DURABLE DES FORÊTS (CERTIFIÉ FSC) SUR LES PRESSES DE L'IMPRIMERIE SEPEC À PÉRONNAS (01) LABELLISÉE IMPRIM'VERT®. COMPOSITION ET MAQUETTE BADIANE (75).

DÉPÔT LÉGAL DE LA PREMIÈRE IMPRESSION : 1991
NUMÉRO D'IMPRIMEUR : 05463110313
IMPRIMÉ EN FRANCE